DESTINO: EL ESPACIO

LA TIERRA

De Francis Spencer
Traducción de Santiago Ochoa

Un libro de El Semillero de Crabtree

CRABTREE
Publishing Company
www.crabtreebooks.com

T0020283

Índice

Nuestro hogar en el sistema solar

En nuestro sistema solar solo hay una **estrella**. A esta estrella la llamamos Sol. La Tierra y otros siete planetas **orbitan** alrededor del Sol.

La **gravedad** del Sol mantiene a los ocho planetas en su órbita.

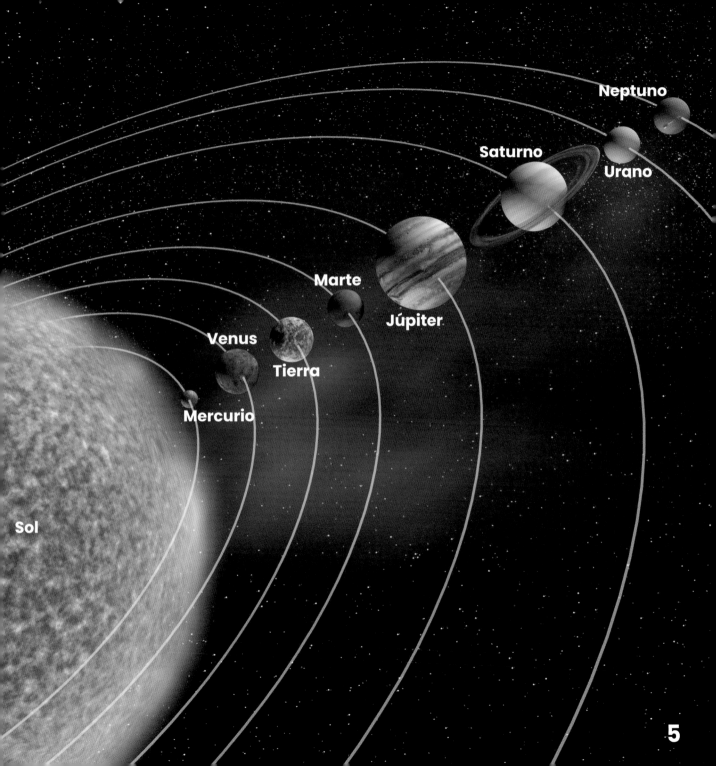

Neptuno

Saturno

Urano

Júpiter

Marte

Venus

Tierra

Mercurio

Sol

5

SOL

Venus

Marte

Mercurio

Tierra

Mercurio, Venus, la Tierra y Marte son los cuatro planetas rocosos de nuestro sistema solar.

La Tierra es el tercer planeta desde el Sol. Es uno de los cuatro **planetas rocosos** de nuestro sistema solar.

Los planetas rocosos también se llaman planetas terrestres.

Sol

Tierra

8

La Tierra está a la distancia perfecta del Sol. Esto significa que la **temperatura** de la Tierra no es demasiado caliente, ni demasiado fría, para que exista la vida.

La Tierra está a 93 millones de millas (150 millones de kilómetros) del Sol.

Orbitando y girando

La Tierra tarda un año entero en realizar una órbita completa alrededor del Sol. Mientras la Tierra se mueve alrededor del Sol, también gira sobre su eje.

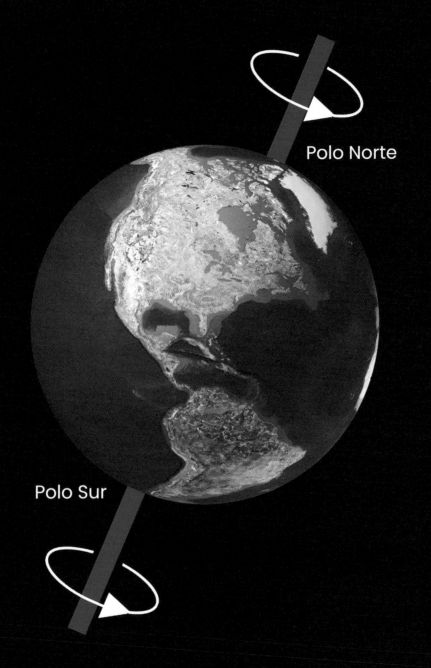

Polo Norte

Polo Sur

El eje de la Tierra es una línea invisible que atraviesa la Tierra entre los polos norte y sur.

11

Una vuelta completa, o giro, sobre el eje de la Tierra dura 24 horas. En esas 24 horas vemos el amanecer que da inicio a nuestro día y el atardecer que da inicio a nuestra noche.

Sol

Tierra

Como la Tierra gira, todos tenemos un día y una noche. Es de día en el lado de la Tierra que mira al Sol. Es de noche en el lado de la Tierra que da la espalda al Sol.

La Tierra está **inclinada** sobre su eje. Esto hace que diferentes áreas de la Tierra estén más cerca o más lejos del Sol en diferentes momentos. Por eso tenemos estaciones.

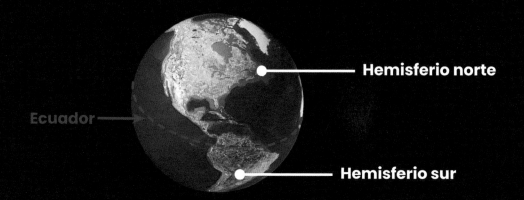

Ecuador

Hemisferio norte

Hemisferio sur

En verano, el Sol brilla más directamente sobre el hemisferio norte. En invierno, el Sol brilla más directamente sobre el hemisferio sur.

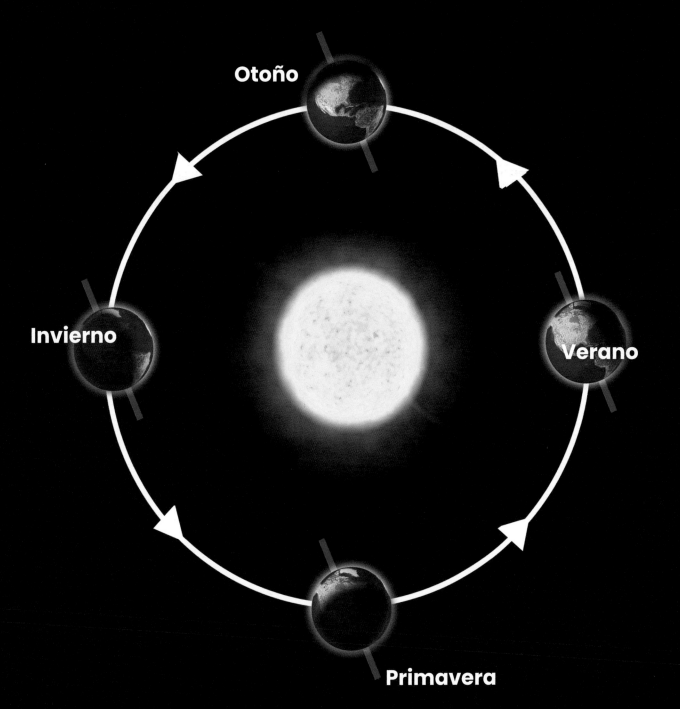

15

Las capas de la Tierra

Al igual que todos los planetas rocosos, la Tierra tiene una capa exterior rocosa y un núcleo metálico. La capa exterior rocosa se llama corteza.

El núcleo externo de la Tierra es de metal líquido y caliente. El núcleo interno está aún más caliente y es de metal sólido.

corteza

manto

núcleo externo

núcleo interno

La corteza terrestre está cubierta de montañas, desiertos, llanuras herbáceas y océanos.

17

La roca fundida, llamada magma, se almacena en la corteza terrestre. Cuando un volcán entra en erupción, el magma es empujado hacia la superficie y se derrama en forma de lava caliente.

El manto se encuentra entre la corteza y el núcleo externo. Está formado principalmente por rocas sólidas o semisólidas.

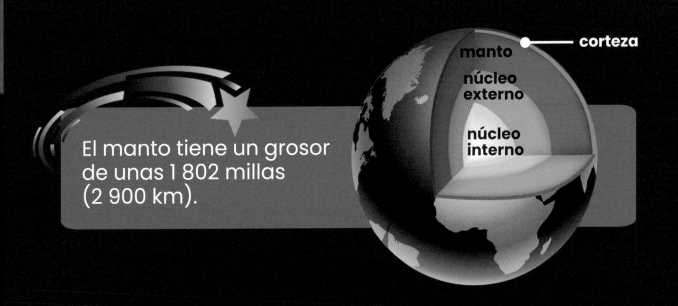

El manto tiene un grosor de unas 1 802 millas (2 900 km).

corteza

manto

núcleo externo

núcleo interno

Casi tres cuartas partes de la superficie de la Tierra están cubiertas de agua. Sin agua, no habría vida en la Tierra.

Desde el espacio, los océanos hacen que la Tierra parezca una gran canica azul.

La Tierra está protegida por una capa de gases llamada **atmósfera**. La temperatura, el agua y la atmósfera de la Tierra la convierten en el lugar perfecto para que vivamos.

atmósfera

Glosario

atmósfera: Capa de gases que rodea a un planeta.

estrella: Una bola de gases ardientes.

gravedad: La fuerza que mantiene a los planetas de nuestro sistema solar en su órbita.

inclinada: Que está hacia un lado.

orbitan: Que viajan en una trayectoria invisible alrededor de un objeto mayor, como un planeta o una estrella.

planetas rocosos: Planetas compuestos principalmente de roca y metales.

temperatura: Medida de lo caliente o frío que está algo.

Índice analítico

Apoyo escolar para cuidadores y profesores

Este libro ayuda a los niños a crecer permitiéndoles practicar la lectura. A continuación se presentan algunas preguntas orientativas para ayudar al lector a desarrollar su capacidad de comprensión. Las posibles respuestas que aparecen aquí están en color rojo.

Antes de leer

• ¿De qué creo que trata este libro? Creo que este libro está lleno de muchos datos sobre el planeta Tierra. Creo que este libro trata sobre la posición de la Tierra en el sistema solar.

• ¿Qué quiero aprender sobre este tema? Quiero aprender sobre ir al espacio exterior. Quiero aprender más sobre las diferentes capas de la Tierra.

Durante la lectura

• Me pregunto por qué... Me pregunto por qué la Tierra se llama planeta rocoso. Me pregunto por qué la Tierra se inclina sobre su eje.

• ¿Qué he aprendido hasta ahora? He aprendido que la Tierra está a unos 93 millones de millas (150 millones de kilómetros) del Sol. He aprendido que la Tierra es el tercer planeta desde el Sol.

Después de leer

• ¿Qué detalles he aprendido sobre este tema? He aprendido que la Tierra tarda un año entero en realizar una órbita completa alrededor del Sol. He aprendido que la Tierra está protegida por una capa de gases llamada atmósfera.

• ¿Qué detalles he aprendido sobre este tema? Veo la palabra temperatura en la página 9 y la palabra inclinada en la página 14. Las otras palabras del glosario se encuentran en la página 23.

Library and Archives Canada Cataloguing in Publication

Available at the Library and Archives Canada

Library of Congress Cataloging-in-Publication Data

Available at the Library of Congress

Crabtree Publishing Company

www.crabtreebooks.com   1–800–387–7650

Print book version produced jointly with Blue Door Education in 2022

Written by: Francis Spencer
Translation to Spanish: Santiago Ochoa
Spanish-language Copyediting and Proofreading: Base Tres
Print coordinator: Katherine Berti

Photo Credits: Cover © MarcelClemens ; star graphic on most pages © Gleb Guralnyk; pages 2-3 © ibreakstock, page 5 © Orla; page 6 © BlueRingMedia; page 8-9 © Bobboz; page 11, 14 and 15 © Ibooo7; page 13 © sebikus; page 16 and 19 ©Webspark; page 17 © infografick; page 18 © beboy; page 21 © MarcelClemens; page 23 ©Anton Balazh All images from Shutterstock.com

Published in the United States
Crabtree Publishing
347 Fifth Ave.
Suite 1402-145
New York, NY 10016

Published in Canada
Crabtree Publishing
616 Welland Ave.
St. Catharines, Ontario
L2M 5V6

Printed in the U.S.A./062022/CG20220124